BEI GRIN MACHT SICH IHR WISSEN BEZAHLT

AF154629

- Wir veröffentlichen Ihre Hausarbeit,
  Bachelor- und Masterarbeit

- Ihr eigenes eBook und Buch -
  weltweit in allen wichtigen Shops

- Verdienen Sie an jedem Verkauf

Jetzt bei www.GRIN.com hochladen und kostenlos publizieren

Bibliografische Information der Deutschen Nationalbibliothek:

Die Deutsche Bibliothek verzeichnet diese Publikation in der Deutschen National-
bibliografie; detaillierte bibliografische Daten sind im Internet über http://dnb.d-
nb.de/ abrufbar.

Impressum:

Copyright © 2016 GRIN Verlag, Open Publishing GmbH
Druck und Bindung: Books on Demand GmbH, Norderstedt Germany
ISBN: 9783656987321

Dieses Buch bei GRIN:

http://www.grin.com/de/e-book/320767/quantencomputer-und-quantenverschlues-
selung-eine-einfuehrung

Stefan Engels

Quantencomputer und Quantenverschlüsselung. Eine Einführung

GRIN Verlag

GRIN - Your knowledge has value

Der GRIN Verlag publiziert seit 1998 wissenschaftliche Arbeiten von Studenten, Hochschullehrern und anderen Akademikern als eBook und gedrucktes Buch. Die Verlagswebsite www.grin.com ist die ideale Plattform zur Veröffentlichung von Hausarbeiten, Abschlussarbeiten, wissenschaftlichen Aufsätzen, Dissertationen und Fachbüchern.

Besuchen Sie uns im Internet:

http://www.grin.com/

http://www.facebook.com/grincom

http://www.twitter.com/grin_com

SCHULARBEIT

PHYSIK GK

Q2

Einführung in Quantenbits (Quantencomputer) und Quantenverschlüsselung

Autor:

Stefan ENGELS

10. April 2016

Inhaltsverzeichnis

1 Einleitung

In der Quantenwelt gelten viele Gesetze der klassischen Physik nicht mehr. Als Metapher wird hierzu häufig Schrödingers Katze herangezogen. Es sei eine Katze in einer Kiste, die vollständig von der Außenwelt abgeschottet ist. In dieser Kiste befinden sich eine Katze und ein Behältnis mit einem giftigen Gas, das die Katze auf der Stelle tötet. Das Behältnis geht mit einer Wahrscheinlichkeit von 50% kaputt. Nun wissen wir jedoch nicht, ob dies eingetreten ist oder nicht. Deswegen ist die Katze in einem Art Zombi-Zustand (Superposition) tot und lebendig zugleich. Erst beim Öffnen der Kiste, geht Sie in einen der zwei Zustände über. Natürlich ist eine Katze zu groß, um Quanteneffekte zu zeigen, dennoch ist dies eine einprägsame Metapher.

Ähnlich verhält es sich bei Quantencomputern. Diese zusätzliche Eigenschaft verleiht ihnen Möglichkeiten, die klassische Computer nicht haben, wie z.b. das Benutzen echter Zufallszahlen, knacken klassischer Verschlüsselungsverfahren und das aufstellen neuer und wiederum sicherer Verschlüsselungsverfahren. Jedoch wurden Quantencomputer in der Realität nur bis auf wenige Bits (Qubits) im Labor gebaut, weshalb die meisten Inhalte dieser Arbeit theoretisch ausfallen.

2 Das Quantenbit

Klassische Bits eines herkömmlichen Rechners können (nur) entweder den Zustand 0 oder 1 annehmen. Bei Quantenbits (kurz Qubits) verhält sich das anders. Es kann zudem in einer so gennanten Superposition vorliegen:

Definition 2.1 (Quantenbit) *Ein Quantenbit $|x\rangle$, kurz Qubit, nimmt Zustände der folgenden Form an:*

$$|x\rangle = \alpha |0\rangle + \beta |1\rangle$$

$\alpha, \beta \in \mathbb{C}$ heißen Amplituden und es gilt:

$$|\alpha|^2 + |\beta|^2 = 1$$

Wenn wir das Qubit $|x\rangle$ messen, so wird jedoch die Superposition zerstört und wir messen es mit Wahrscheinlichkeit $|\alpha|^2$ im Zustand $|0\rangle$ und mit Wahrscheinlichkeit

$|\beta|^2$ *im Zustand* $|1\rangle$.

Wir können Superpositionen auch als Vektoren auffassen:

$$|x\rangle = \alpha |0\rangle + \beta |1\rangle = \begin{pmatrix} \alpha \\ \beta \end{pmatrix} \in \mathbb{C}^2$$

2.1 Rechenoperationen

Ein Rechenschritt auf einem Qubit wird als 2×2-Matrix dargestellt. Diese Matrizen sind stets unitär.

Definition 2.2 (Unitäre Matrix) *Eine* $n \times n$-*Matrix mit komplexen Einträgen heißt unitär* :$\Leftrightarrow$

$$A^\dagger = A^{-1}$$

$A^\dagger$ *heißt zu* A *adjungierte Matrix und entsteht, indem jeder Eintrag komplex konjugiert wird, sowie einer anschließenden Transposition. Es gilt also:*

$$A^\dagger = (A^*)^T$$

Sind die Einträge reell, so ist eine Matrix unitär $\Leftrightarrow$

$$A^T = A^{-1}$$

Satz 2.3 *Unitäre Transformationen sind längenerhaltend und winkelerhaltend*

Beweis: Für das Standardskalarprodukt $\langle \vec{\bullet} | \vec{\bullet} \rangle$ von Vektoren $|\Phi\rangle, |\Psi\rangle$ und eine unitäre Matrix U gilt:

$$\langle U\Phi | U\Psi \rangle = (U |\Phi\rangle)^\dagger (U |\Psi\rangle) = |\Phi\rangle^\dagger \underbrace{U^\dagger U}_{=I} |\Psi\rangle = |\Phi\rangle^\dagger |\Psi\rangle = \langle \Phi | \Psi \rangle$$

Da die Norm und der Winkel über das Standardskalarprodukt definiert sind, folgt die Invarianz der Norm und Winkel sofort. $\qquad\Box$

Auf Grund von Satz 2.3 wird durch eine unitäre Transformation ein zulässiges Qubit auf ein weiteres Qubit abgebildet, denn $|\alpha|^2 + |\beta|^2$ (Quadrat der Norm) bleibt konstant.

Eine in der Welt der Quantencomputer wichtige (unitäre) Matrix, ist die Hadamard-Matrix:

Definition 2.4 (Hadamard-Matrix) *Die Matrix*

$$H := \begin{pmatrix} \frac{1}{\sqrt{2}} & \frac{1}{\sqrt{2}} \\ \frac{1}{\sqrt{2}} & \frac{-1}{\sqrt{2}} \end{pmatrix} = \frac{1}{\sqrt{2}} \begin{pmatrix} 1 & 1 \\ 1 & -1 \end{pmatrix}$$

ist unitär und heißt Hadamard-Matrix.

Beweis: Es gilt

$$H^{\dagger}H = \begin{pmatrix} \frac{1}{\sqrt{2}} & \frac{1}{\sqrt{2}} \\ \frac{1}{\sqrt{2}} & \frac{-1}{\sqrt{2}} \end{pmatrix} \begin{pmatrix} \frac{1}{\sqrt{2}} & \frac{1}{\sqrt{2}} \\ \frac{1}{\sqrt{2}} & \frac{-1}{\sqrt{2}} \end{pmatrix} = \begin{pmatrix} 1 & 0 \\ 0 & 1 \end{pmatrix} = I_2 \Rightarrow H^{\dagger} = H^{-1}$$

$\square$

2.2 Ein Zufallsgenerator

2.2.1 In der Theorie

Ein großer Nachteil von herkömmlichen Rechnern ist, dass diese keine Zufallszahlen generieren können. Es werden lediglich Pseudozufallszahlen berechnet, die eine Normalverteilung aufweisen. In der Quantenwelt existiert dieser Zufall jedoch. Zufallszahlen finden in vielen Anwendungen Nutzen. So helfen sie beispielsweise in der weiter unten aufgegriffenen Kryptographie und in Simulationen von z.B. Wirtschaft oder Wetter. Folgender Algortihmus wäre als Zufallsgenerator eines Bits vorstellbar:

Algorithmus 2.5 (Zufallsgenerator) *Ein Algorithmus zum Generieren einer Zufallszahl:*

1. $|x\rangle \leftarrow |0\rangle$

2. $|x\rangle \leftarrow H|x\rangle$

3. *Miss* $|x\rangle$

Es mag vielleicht nicht auf Anhieb einzusehen, doch dieser Algorithmus erzeugt bereits eine Zufallszahl. Die in Schritt 2 angewandte Hadamard-Transformation versetzt das Qubit in den Zustand $\frac{1}{\sqrt{2}}(|0\rangle + |1\rangle)$, denn

$$H|0\rangle = \begin{pmatrix} \frac{1}{\sqrt{2}} & \frac{1}{\sqrt{2}} \\ \frac{1}{\sqrt{2}} & \frac{-1}{\sqrt{2}} \end{pmatrix} \begin{pmatrix} 1 \\ 0 \end{pmatrix} = \begin{pmatrix} \frac{1}{\sqrt{2}} \\ \frac{1}{\sqrt{2}} \end{pmatrix} = \frac{1}{\sqrt{2}}(|0\rangle + |1\rangle)$$

Die Zustände $|0\rangle$ und $|1\rangle$ treten also beim Messen beide mit Wahrscheinlichkeit $|\frac{1}{\sqrt{2}}|^2 = \frac{1}{2}$ auf. Mit 50%-iger Wahrscheinlichkeit messen wir in Schritt 3 $|0\rangle$ und mit ebenfalls 50%-iger Wahrscheinlichkeit $|1\rangle$.

2.2.2 In der Praxis

In der Praxis ist es sehr einfach eine 1-Bit-Zufallszahl herzustellen. Es wird in diesem Versuchsaufbau noch nicht auf Polarisation von Licht zurückgegriffen. Der o.g. Algorithmus wird dementsprechend nicht 1 zu 1 abgebildet.

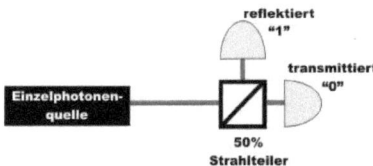

Ein Photon wird auf einen Strahlteiler (z.B. Halbtransparenter Spiegel) geschossen. Nach den Quanteneffekten besteht eine 50%-ige Ablenkungswahrscheinlichkeit. Dementsprechend sind lediglich 2 Detektoren notwendig. Reflektierte Photonen werden als $|1\rangle$ interpretiert und nicht reflektierte als $|0\rangle$.

3 Quantenregister

Das Prinzip des Qubits kann auf ganze Quantenregister verallgemeinert werden. Ähnlich wie bei herkömmlichen Computern, besteht ein Quantenregister aus n Qubits, von denen jedes selbst in einer Superposition ist. Ein Quantenregister mit n Qubits kann nun in einer Superposition aller 2^n möglichen Zustände sein. Wir schreiben für einen Register mit z.B. 2 Qubits:

$$R = |x_1\rangle |x_0\rangle$$

Gilt nun für $|x_i\rangle = \alpha_i |0\rangle + \beta_i |1\rangle$ so folgt:

$$R = (\alpha_0 |0\rangle + \beta_0 |1\rangle)(\alpha_1 |0\rangle + \beta_1 |1\rangle) = \alpha_0\alpha_1 |00\rangle + \alpha_0\beta_1 |01\rangle + \beta_0\alpha_1 |10\rangle + \beta_0\beta_1 |11\rangle$$

Zur Vereinfachung schreiben wir:

$$R = \alpha_{00} \left|01\right\rangle + \alpha_{01} \left|01\right\rangle + \alpha_{10} \left|10\right\rangle + \alpha_{11} \left|11\right\rangle$$

Übersichtlicher wird es wenn wir die Binärdarstellung durch die dargestellte Zahl im Dezimalsystem ersetzen:

$$R = \alpha_0 \left|0\right\rangle + \alpha_1 \left|1\right\rangle + \alpha_2 \left|2\right\rangle + \alpha_3 \left|3\right\rangle$$

Man beachte, dass dies ebenso eine zulässige Superposition ist, denn:

$$|\alpha_0\alpha_1|^2 + |\alpha_0\beta_1|^2 + |\beta_0\alpha_1|^2 + |\beta_0\beta_1|^2 = |\alpha_0|^2|\alpha_1|^2 + |\alpha_0|^2|\beta_1|^2 + |\beta_0|^2|\alpha_1|^2 + |\beta_0|^2|\beta_1|^2$$
$$= (\underbrace{|\alpha_0|^2 + |\beta_0|^2}_{=1})(\underbrace{|\alpha_1|^2 + |\beta_1|^2}_{=1}) = 1$$

Wir gelangen also zu folgender allgemeinen Definition:

Definition 3.1 (Quantenregister) *Ein Quantenregister* $R = \left|x_{n-1}\right\rangle \dots \left|x_1\right\rangle \left|x_0\right\rangle$ *kann sich in einer Superposition der Form*

$$R = \sum_{i=0}^{2^n-1} \alpha_i \left|i\right\rangle$$

befinden, wobei $\left|i\right\rangle$ *für* $i \in \{0, 1, \dots, 2^n - 1\}$ *bedeutet, dass die Bits entsprechend der Binärdarstellung der natürlichen Zahl i gesetzt sind. Analog zu einem Qubit gilt:*

$$\sum_{i=0}^{2^n-1} |\alpha_i|^2 = 1$$

und beim Messen beobachtet man Zustand $\left|i\right\rangle$ *mit Wahrscheinlichkeit* $|\alpha_i|^2$.

Analog zu einem Qubit können wir uns ein Quantenregister also als Vektor

$$R = \begin{pmatrix} \alpha_0 \\ \alpha_1 \\ \vdots \\ \alpha_{2^n-1} \end{pmatrix} \in \mathbb{C}^{2^n}$$

vorstellen.

Lemma 3.2 *Für das Standardskalarprodukt $\langle \bullet | \bullet \rangle$ bzw. $\vec{\bullet} \cdot \vec{\bullet}$ und 4 Vektoren $|\phi\rangle$, $|\phi'\rangle \in \mathbb{C}^n, |\psi\rangle, |\psi'\rangle \in \mathbb{C}^m$ gilt:*

$$\langle \phi\psi | \phi'\psi' \rangle = \langle \phi | \phi' \rangle \cdot \langle \psi | \psi' \rangle$$

Beweis: Seien $|\phi\rangle = \sum_{i=0}^{n-1} \alpha_i |i\rangle, |\phi'\rangle = \sum_{i=0}^{n-1} \alpha'_i |i\rangle, |\psi\rangle = \sum_{i=0}^{m-1} \beta_i |i\rangle, |\psi'\rangle = \sum_{i=0}^{m-1} \beta'_i |i\rangle$ mit $(\alpha_i)_{0\leq i<n}, (\alpha'_i)_{0\leq i<n}, (\beta_i)_{0\leq i<m}, (\beta'_i)_{0\leq i<m} \subset \mathbb{C}$. Es gilt:

$$|\phi\psi\rangle = \left(\sum_{i=0}^{n-1} \alpha_i |i\rangle \right) \left(\sum_{j=0}^{m-1} \beta_j |j\rangle \right) = \sum_{i=0}^{n-1} \sum_{j=0}^{m-1} \alpha_i \beta_j |ij\rangle = \begin{pmatrix} \alpha_0 \beta_0 \\ \alpha_0 \beta_1 \\ \vdots \\ \alpha_0 \beta_{m-1} \\ \alpha_1 \beta_0 \\ \alpha_1 \beta_1 \\ \vdots \\ \alpha_{n-1} \beta_{m-2} \\ \alpha_{n-1} \beta_{m-1} \end{pmatrix}$$

und analog:

$$|\phi'\psi'\rangle = \begin{pmatrix} \alpha'_0 \beta'_0 \\ \alpha'_0 \beta'_1 \\ \vdots \\ \alpha'_0 \beta'_{m-1} \\ \alpha'_1 \beta'_0 \\ \alpha'_1 \beta'_1 \\ \vdots \\ \alpha'_{n-1} \beta'_{m-2} \\ \alpha'_{n-1} \beta'_{m-1} \end{pmatrix}$$

Nun gilt also:

$$\langle\phi\psi|\phi'\psi'\rangle = \begin{pmatrix} \alpha_0\beta_0 \\ \alpha_0\beta_1 \\ \vdots \\ \alpha_0\beta_{m-1} \\ \alpha_1\beta_0 \\ \alpha_1\beta_1 \\ \vdots \\ \alpha_{n-1}\beta_{m-2} \\ \alpha_{n-1}\beta_{m-1} \end{pmatrix} \cdot \begin{pmatrix} \alpha_0'\beta_0' \\ \alpha_0'\beta_1' \\ \vdots \\ \alpha_0'\beta_{m-1}' \\ \alpha_1'\beta_0' \\ \alpha_1'\beta_1' \\ \vdots \\ \alpha_{n-1}'\beta_{m-2}' \\ \alpha_{n-1}'\beta_{m-1}' \end{pmatrix} = \sum_{i=0}^{n-1}\sum_{j=0}^{m-1}(\alpha_i\beta_j)^\dagger\alpha_i'\beta_j' = \sum_{i=0}^{n-1}\sum_{j=0}^{m-1}\alpha_i^\dagger\beta_j^\dagger\alpha_i'\beta_j'$$

und ferner:

$$\langle\phi|\phi'\rangle \cdot \langle\psi|\psi'\rangle = \left(\sum_{i=0}^{n-1}\alpha_i^\dagger\alpha_i'\right) \cdot \left(\sum_{j=0}^{m-1}\beta_j^\dagger\beta_j'\right) = \sum_{i=0}^{n-1}\sum_{j=0}^{m-1}\alpha_i^\dagger\alpha_i'\beta_j^\dagger\beta_j' = \sum_{i=0}^{n-1}\sum_{j=0}^{m-1}\alpha_i^\dagger\beta_j^\dagger\alpha_i'\beta_j'$$

$\square$

Satz 3.3 (No-Cloning-Theorem) *Es gibt keinen Algorithmus, der ein bel. Qubit (oder Register) $|\psi\rangle$ „klont", also das Register $|\psi\rangle\,|a\rangle$ in den Zustand $|\psi\rangle\,|\psi\rangle$ versetzt.*

Beweis: Ang. $\exists$ unitäre Transformation U, mit $U(|\psi\rangle\,|a\rangle) = |\psi\rangle\,|\psi\rangle$ und $U(|\phi\rangle\,|a\rangle) = |\phi\rangle\,|\phi\rangle$ für bel., aber feste, $|\psi\rangle, |\phi\rangle \in \mathbb{C}^n$ und irgendein $|s\rangle \in \mathbb{C}^n$. Dann muss, da U unitär und $\langle U\vec{u}|U\vec{v}\rangle = \langle\vec{u}|\vec{v}\rangle$, gelten:

$$\langle\psi s|\phi s\rangle = \langle\psi\psi|\phi\phi\rangle$$

Wegen Lemma 3.2 und da $|s\rangle$ Einheitsvektor ist, also auch:

$$\langle\psi|\phi\rangle \underbrace{\langle s|s\rangle}_{=1} = \langle\psi|\phi\rangle\,\langle\psi|\phi\rangle = (\langle\psi|\phi\rangle)^2$$

Dies ist jedoch nur möglich wenn $\langle\psi|\phi\rangle \in \{0, 1\}$, also wenn $|\psi\rangle = |\phi\rangle$ oder $|\psi\rangle \perp |\phi\rangle$, was im Widerspruch zu $|\psi\rangle, |\phi\rangle$ bel. steht. $\square$

8

4 Verschränkung

Wir betrachten folgendes Beispiel. Sei $R = |x_1\rangle |x_0\rangle = |00\rangle$ ein Quantenregister und $CNOT\colon |x_1\rangle |x_0\rangle \to |x_1\rangle |x_1 \oplus x_0\rangle$[1]. $\oplus$ ist also in diesem Fall die übliche Addition auf dem Körper $\mathbb{F}_2$[2].

Wenden wir nun die Hadamard-Transformation auf Qubit $|x_1\rangle$ an erhalten wir:

$$R = \frac{1}{\sqrt{2}}(|0\rangle + |1\rangle)\,|0\rangle = \frac{1}{\sqrt{2}}(|00\rangle + |10\rangle)$$

Das Anwenden von $CNOT$ auf R liefert nun:

$$R = \frac{1}{\sqrt{2}}(|00\rangle + |11\rangle)$$

Dies ist möglich, da die $CNOT$-Operation auf den Vektor $\begin{pmatrix} \alpha_0 \\ \alpha_1 \\ \alpha_2 \\ \alpha_3 \end{pmatrix}$ (es gilt schließlich

$R = \alpha_0 |00\rangle + \alpha_1 + |01\rangle + \alpha_2 |10\rangle + \alpha_3 |11\rangle)$ durch $\begin{pmatrix} 1 & 0 & 0 & 0 \\ 0 & 1 & 0 & 0 \\ 0 & 0 & 0 & 1 \\ 0 & 0 & 1 & 0 \end{pmatrix}$ dargestellt wird.

Diese Matrix ist unitär, denn

$$CNOT^\dagger \cdot CNOT = \begin{pmatrix} 1 & 0 & 0 & 0 \\ 0 & 1 & 0 & 0 \\ 0 & 0 & 0 & 1 \\ 0 & 0 & 1 & 0 \end{pmatrix} \cdot \begin{pmatrix} 1 & 0 & 0 & 0 \\ 0 & 1 & 0 & 0 \\ 0 & 0 & 0 & 1 \\ 0 & 0 & 1 & 0 \end{pmatrix} = \begin{pmatrix} 1 & 0 & 0 & 0 \\ 0 & 1 & 0 & 0 \\ 0 & 0 & 1 & 0 \\ 0 & 0 & 0 & 1 \end{pmatrix}$$

Es ist jedoch schon zu erkennen, dass die Qubits im Register $R = \frac{1}{\sqrt{2}}(|00\rangle + |11\rangle)$ voneinander abhängig sind. Wir bringen nun Alice und Bob ins Spiel. Diese nehmen jeder ein Qubit, das immer noch isoliert von der Außenwelt transportiert wird und gehen an (räumlich) unterschiedliche Orte. Wenn sie nun jeweils ihr Qubit messen, misst jeder mit Wahrscheinlichkeit 50% $|0\rangle$ oder $|1\rangle$. Wenn sich Alice und Bob wieder treffen, werden sie jedoch feststellen, dass sie beide das gleiche gemessen haben. Trotz (räumlicher) Trennung waren die Qubits also dennoch miteinander verbunden und haben die Messung gegenseitig beeinflusst.

---

[1] $CNOT$ verneint das Qubit $|x_0\rangle$ g.d.w. $|x_1\rangle = |1\rangle$

[2] $0 + 0 = 0, 0 + 1 = 1, 1 + 0 = 1, 1 + 1 = 0$

4.1 Teleportation

Definition 4.1 (Teleportation) [3] *Transport von Teilchen, Gegenständen oder Personen von einem Ort an einen anderen, ohne dass das Objekt den zwischen den Orten befindlichen Raum durchquert*[4]

Im folgenden nehmen wir an, dass Alice Qubit $|a\rangle$ und Bob $|b\rangle$ besitzt, die sich im verschränkten Zustand $|ab\rangle = \frac{1}{\sqrt{2}}(|00\rangle + |11\rangle)$ befinden. Alice und Bob sind räumlich getrennt, verfügen jedoch über einen klassischen Kanal.

Algorithmus 4.2 (Quantenteleportation) *Qubit $|x\rangle$ im Zustand $\alpha|0\rangle + \beta|1\rangle$ wird an Bob übertragen.*

1. *Alice: $|xa\rangle \leftarrow CNOT(|xa\rangle) = |x\rangle|x \oplus a\rangle$*

2. *Alice: $|x\rangle \leftarrow H|x\rangle$*

3. *Alice misst ihre Qubits und ermittelt die Ergebnisse x und a an Bob (über einen klassischen Kanal)*

4. *Ist $a = 1$, Bob: $|b\rangle \leftarrow \begin{pmatrix} 0 & 1 \\ 1 & 0 \end{pmatrix} |b\rangle$*

5. *Ist $x = 1$, Bob: $|b\rangle \leftarrow \begin{pmatrix} 1 & 0 \\ 0 & -1 \end{pmatrix} |b\rangle$*

Um den Algorithmus zu verstehen, betrachten wir das Register $R = |xab\rangle$ im Zustand:

$$R_0 = (\alpha|0\rangle + \beta|1\rangle)\frac{1}{\sqrt{2}}(|00\rangle + |11\rangle) = \frac{\alpha}{\sqrt{2}}(|000\rangle + |011\rangle) + \frac{\beta}{2}(|100\rangle + |111\rangle)$$

Die $CNOT$-Operation in Schritt 1 liefert:

$$R_1 = \frac{\alpha}{\sqrt{2}}(|000\rangle + |011\rangle) + \frac{\beta}{2}(|110\rangle + |101\rangle)$$

Wir wissen bereits, dass

$$H|0\rangle = \begin{pmatrix} \frac{1}{\sqrt{2}} & \frac{1}{\sqrt{2}} \\ \frac{1}{\sqrt{2}} & \frac{-1}{\sqrt{2}} \end{pmatrix} \begin{pmatrix} 1 \\ 0 \end{pmatrix} = \begin{pmatrix} \frac{1}{\sqrt{2}} \\ \frac{1}{\sqrt{2}} \end{pmatrix} = \frac{1}{\sqrt{2}}(|0\rangle + |1\rangle)$$

---

[3]Duden

[4]Dass dies nicht Einsteins Relativitätstheorie widerspricht erkennen wir später

Wegen

$$H \left|1\right\rangle = \begin{pmatrix} \frac{1}{\sqrt{2}} & \frac{1}{\sqrt{2}} \\ \frac{1}{\sqrt{2}} & \frac{-1}{\sqrt{2}} \end{pmatrix} \begin{pmatrix} 0 \\ 1 \end{pmatrix} = \begin{pmatrix} \frac{1}{\sqrt{2}} \\ \frac{-1}{\sqrt{2}} \end{pmatrix} = \frac{1}{\sqrt{2}} (\left|0\right\rangle - \left|1\right\rangle)$$

ist der Register nach Schritt 2 also im Zustand

$$R_2 = \frac{\alpha}{2} \left(\frac{1}{\sqrt{2}} (\left|0\right\rangle + \left|1\right\rangle) \right) (\left|00\right\rangle + \left|11\right\rangle) + \frac{\beta}{2} \left(\frac{1}{\sqrt{2}} (\left|0\right\rangle - \left|1\right\rangle) \right) (\left|10\right\rangle + \left|01\right\rangle)$$

Umformen liefert:

$$R_2 = \frac{\alpha}{2} (\left|000\right\rangle + \left|011\right\rangle + \left|100\right\rangle + \left|111\right\rangle) + \frac{\beta}{2} (\left|010\right\rangle + \left|001\right\rangle - \left|110\right\rangle - \left|101\right\rangle)$$

und weiter

$$R_2 = \frac{1}{2} \left(\left|00\right\rangle (\alpha \left|0\right\rangle + \beta \left|1\right\rangle) + \left|01\right\rangle (\alpha \left|1\right\rangle + \beta \left|0\right\rangle) + \left|10\right\rangle (\alpha \left|0\right\rangle - \beta \left|1\right\rangle) + \left|11\right\rangle (\alpha \left|1\right\rangle - \beta \left|0\right\rangle) \right)$$

Nun misst Alice in Schritt 3 ihre Qubits und wir können aus diesem Ergebnis auf Bobs Qubit schließen, da diese ja verschränkt sind:

1. Alice misst $\left|00\right\rangle$: $\left|b\right\rangle = \alpha \left|0\right\rangle + \beta \left|1\right\rangle$

2. Alice misst $\left|01\right\rangle$: $\left|b\right\rangle = \alpha \left|1\right\rangle + \beta \left|0\right\rangle$

3. Alice misst $\left|10\right\rangle$: $\left|b\right\rangle = \alpha \left|0\right\rangle - \beta \left|1\right\rangle$

4. Alice misst $\left|11\right\rangle$: $\left|b\right\rangle = \alpha \left|1\right\rangle - \beta \left|0\right\rangle$

Wir erkennen nun, dass

$$\begin{pmatrix} 0 & 1 \\ 1 & 0 \end{pmatrix} \begin{pmatrix} \alpha \\ \beta \end{pmatrix} = \begin{pmatrix} \beta \\ \alpha \end{pmatrix}$$

die Vertauschung ist. Bob ändert die Zustände also in Schritt 4 zu:

1. Alice misst $\left|00\right\rangle$: $\left|b\right\rangle = \alpha \left|0\right\rangle + \beta \left|1\right\rangle$

2. Alice misst $\left|01\right\rangle$: $\left|b\right\rangle = \alpha \left|0\right\rangle + \beta \left|1\right\rangle$

3. Alice misst $\left|10\right\rangle$: $\left|b\right\rangle = \alpha \left|0\right\rangle - \beta \left|1\right\rangle$

4. Alice misst $\left|11\right\rangle$: $\left|b\right\rangle = \alpha \left|0\right\rangle - \beta \left|1\right\rangle$

Wir erkennen nun ferner, dass

$$\begin{pmatrix} 1 & 0 \\ 0 & -1 \end{pmatrix} \begin{pmatrix} \alpha \\ \beta \end{pmatrix} = \begin{pmatrix} \alpha \\ -\beta \end{pmatrix}$$

das Vorzeichen vor β ändert. Bob ändert die Zustände also in Schritt 5 zu:

1. Alice misst $|00\rangle$: $|b\rangle = \alpha |0\rangle + \beta |1\rangle$

2. Alice misst $|01\rangle$: $|b\rangle = \alpha |0\rangle + \beta |1\rangle$

3. Alice misst $|10\rangle$: $|b\rangle = \alpha |0\rangle + \beta |1\rangle$

4. Alice misst $|11\rangle$: $|b\rangle = \alpha |0\rangle + \beta |1\rangle$

Nun ist das Qubit $|x\rangle = \alpha |0\rangle + \beta |1\rangle$ in jedem Fall zu Bob teleportiert worden. Wir erkennen jedoch folgende zwei beruhigende Feststellungen:

1. Alice muss Bob ihre Messergebnisse über einen klassischen Kanal, der die Daten langsamer als Licht transportiert, mitteilen, damit ihr Qubit bei Bob ankommt. Die Teleportation steht deswegen nicht im Konflikt zu Einsteins Relativitätstheorie, dass „nichts schneller als Licht ist".

2. Alice kann ihr ursprüngliches Qubit nicht rekonstruieren. Dies steht deshalb nicht im Widerspruch zum No-Cloning-Theorem, das angibt, dass ein Qubit nicht kopiert werden kann.

5 Messen bezüglich verschiedener Basen

Wir beschränken uns auf das Messen eines Qubits. Das Verfahren lässt sich jedoch auch verallgemeinern.

Mathematisch betrachtet handelt es sich um eine Projektion. Wir betrachten das Qubit $|x\rangle = \alpha |0\rangle + \beta |1\rangle$. Mit Wahrscheinlichkeit $|\alpha|^2$ projezieren wir beim Messen auf die $|0\rangle$-Achse und messen $|0\rangle$. Analog messen wir mit Wahrscheinlichkeit $|\beta|^2$ auf der $|1\rangle$-Achse und somit dann $|1\rangle$.

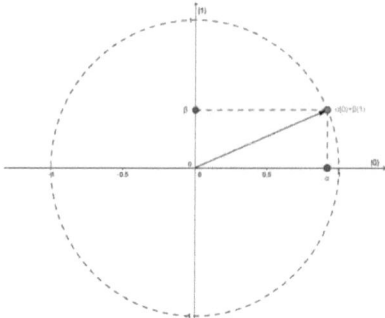

Nun kann man jedoch auch bezüglich jeder beliebigen orthogonalen Basis messen. Wichtig wird für uns die Basis aus den Vektoren $|+\rangle := \frac{1}{\sqrt{2}}(|0\rangle + |1\rangle)$ und $|-\rangle := \frac{1}{\sqrt{2}}(|0\rangle - |1\rangle)$ sein. Man zeigt einfach, dass diese Vektoren orthogonal sind, denn

$$\begin{pmatrix} \frac{1}{\sqrt{2}} \\ \frac{1}{\sqrt{2}} \end{pmatrix} \cdot \begin{pmatrix} \frac{1}{\sqrt{2}} \\ \frac{-1}{\sqrt{2}} \end{pmatrix} = 0$$

Man misst nun also mit Wahrscheinlichkeit $|\alpha'|^2$ den Zustand $|+\rangle$ und mit Wahrscheinlichkeit $|\beta'|^2$ den Zustand $|-\rangle$.

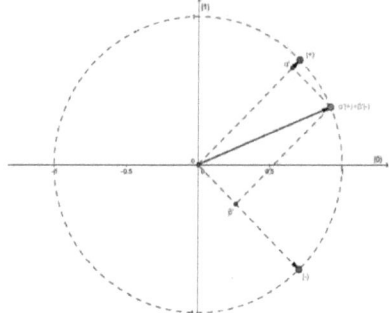

Man kann die Werte α' und β' durch Lösen der Gleichung

$$\alpha|0\rangle + \beta|1\rangle = \alpha'\frac{1}{\sqrt{2}}(|0\rangle + |1\rangle) + \beta'\frac{1}{\sqrt{2}}(|0\rangle - |1\rangle)$$

berechnen. In diesem Fall erhält man nach Umformen $\alpha' = \frac{1}{\sqrt{2}}(\alpha + \beta)$ und $\beta' = \frac{1}{\sqrt{2}}(\alpha - \beta)$.

13

6 Quantenkryptographie - Das BB84 Protokoll

6.1 In der Theorie

Beim BB84-Protokoll[5] wird ein klassischer Schlüssel ausgetauscht, der anschließend als sicherer One-Time-Pad verwendet werden kann.

Algorithmus 6.1 (BB84-Protokoll) *Algorithmus zur Übertragung eines One-Time-Pads*

1. *Alice erzeugt Zufallsbits $a_1, \ldots, a_m$ und $a'_1, \ldots, a'_m$*

2. *Für alle $i \in \{1, \ldots, m\}$ erledigt sie:*

   - *Fall $a'_i = 0$: Kodiere a_i als $|0\rangle$ bzw. $|1\rangle$*
   - *Fall $a'_i = 1$: Kodiere a_i als $|+\rangle$ bzw. $|-\rangle$*

3. *Bob erzeugt Zufallsbits $b'_1, \ldots, b'_m$*

4. *Für alle $i \in \{1, \ldots, m\}$ erledigt er:*

   - *Fall $b'_i = 0$: Miss bezüglich der Basis $B = \{|0\rangle, |1\rangle\}$*
   - *Fall $b'_i = 1$: Miss bezüglich der Basis $B' = \{|+\rangle, |-\rangle\}$*

   und speichere das Ergebnis als b_i

5. *Alice und Bob vergleichen über einen klassischen Kanal die Bits a'_i und b'_i. Stimmen $a'_i = b'_i$ überein, verwenden sie a_i und b_i. Andernfalls werden a_i und b_i verworfen.*

Dieser Algorithmus funktioniert auf Grund zweier Feststellungen. Zunächst folgt aus $a'_i = b'_i$ auch $a_i = b_i$. Dies ist offensichtlich wahr, denn wird $|0\rangle$ bzw. $|1\rangle$ in der Basis B gemessen, so verändert sich das Ergebnis nicht ($\alpha = 0$ oder $\beta = 0$). Analog verhält es sich bei $|+\rangle$ bzw. $|-\rangle$ in der Basis B' ($\alpha' = 0$ oder $\beta' = 0$). Wird jedoch in der jeweils anderen Basis gemessen, so erhält Bob ein zufälliges Ergebnis und keine Aussage über das ursprüngliche Bit.

---

[5]Entwickelt von Charles H. Benette und Gilles Brassard im Jahre 1984

6.2 In der Praxis

In der Praxis werden hierzu Photonen verwendet. Diese können mit Polarisationsfiltern unterschiedlich polarisiert[6] werden und dann über einen Quantenkanal (Luft, Glasfaser, etc.) übertragen werden. Dabei entsprechen horizontal und vertikal den Qubits $|0\rangle$ und $|1\rangle$ und $+45°$ und $-45°$ den Qubits $|+\rangle$ und $|-\rangle$. Bob misst nun mit einem Polarisationsstrahlteiler (z.B.: Kalkspatkristall) das Qubit bezüglich der Polarisationsrichtungen $(0°, 90°)$ oder $(+45°, -45°)$ messen. Verwendet er die falsche Basis ist das Ergebnis wie gewohnt zufällig.

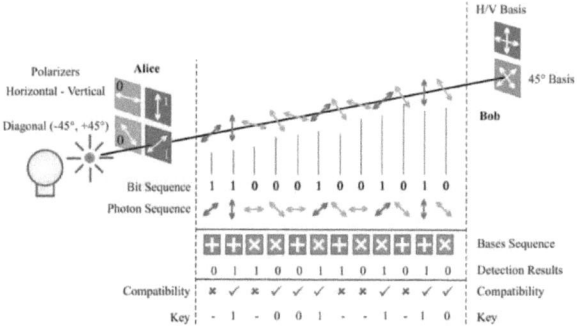

6.3 Eves Angriff

Wie sieht nun ein möglicher Angirff Eves aus? Nach der quantemechanischen Beschreibung der Welt, kann sie keinen Kristall besitzen, der bezüglich aller 4 Richtungen gleichzeitig misst, sondern nur bezüglich einer Basis.

---

[6]Eine Welle schwingt im Raum. Durch Polarisation kann diese Schwingung auf eine Ebene reduziert werden. Da Photonen auch Welleneigenschaften besitzen, ist dies auch mit einzelnen Photonen möglich

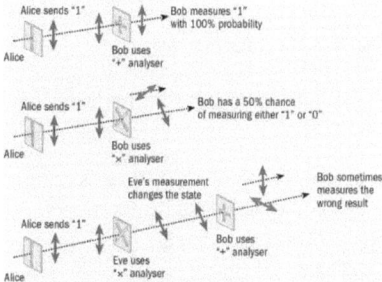

Wenn sich Eve nun zwischenschaltet und die Qubits misst (mit zufälliger Basis) so erhält sie eine Folge von Zahlen und leitet ein klassisches Bit weiter. Da Eve auch den klassischen Kanal überwacht, kann sie später erfahren, ob ihre Messungen bezüglich der richtigen Basen stattgefunden haben. Auf diese Weise erfährt sie wenigstens einen Teil des Schlüssels, was fatale Folgen hätte.

Alice und Bob können sich jedoch dagegen schützen, denn messen Alice und Bob in der gleichen Basis, aber Eve nicht, so erhält auch Bob manchmal ein falsches Ergebnis. Alice und Bob können nun eine gewisse Anzahl ihrer erfolgreich übertragenen Bits „opfern" und vergleichen. Unterscheiden sie sich zu oft (kleine Fehler können durch das Rauschen des Kanales entstehen) so verwerfen sie den gesamten Schlüssel.

Je mehr Bits sie „opfern" desto wahrscheinlicher ist es also, dass sie Eve entdecken. Eve kann sich dagegen nicht schützen, da es in der Quantenwelt (im Gegensatz zur klassischen Welt) unmöglich ist spurenfrei zu messen.

6.4 Ausblick auf Variante mit Verschränkung

Auf ähnliche Weise kann man auch Verschränkung nutzen, um das Verfahren noch sicherer zu machen. Wir bertrachen dazu folgende Variante:

Algorithmus 6.2 (BB84-Variante) *Variante des BB84-Protokolls*

1. *Erzeuge ein Paar von Qubits im Zustand $\frac{1}{\sqrt{2}}(|00\rangle + |11\rangle)$. Eines erhält Alice, das andere Bob.*

2. *Alice und Bob messen ihr Qubit in einer zufälligen Basis $B = \{|0\rangle, |1\rangle\}$ oder $B' = \{|+\rangle, |-\rangle\}$ und speichern das Ergebnis*

16

3. *Alice und Bob tauschen sich über die verwendeten Basen auf. Bei gleichen Basen, ist das Ergebnis Teil des Schlüssels.*

4. *Alice und Bob können genau wie beim ursprünglichen Protokoll einige Ergebnisse „opfern".*

Man erkennt sofort die Gemeinsamkeiten. Die Sicherheit stimmt dementsprechend zunächst mit der des ursprünglichen Protokolls überein. Ebenso ist die Funktionsweise identisch, da bei unterschiedlichen Basen die Ergebnisse nur zufällig übereinstimmen.

Ein großer Vorteil ist jedoch, dass der Schlüssel vor der tatsächlichen Erzeugung nur in Qubits vorliegt. Dadurch ist es Eve unmöglich den Schlüssel ohne Spuren zu erfahren. Beim ursprünglichen Protokoll lagen die klassischen Bits bereits bei Alice vor, da sie diese erzeugt hat. Somit ist es nach den Regeln der klassischen Physik möglich, dass Eve die Informationen ohne Spuren zu hinterlassen erfährt.

Literatur

[Wiesbaden] Mathias Homeister (2015), Quantum computing verstehen, *Springer Vieweg*

[Regensburg] Florian Sanftl (2006), Quantenkryptographie, *Universität Regensburg*, http://www.physik.uni-regensburg.de/forschung/schwarz/QOptik/Sanftl.pdf

[Bild S. 16] http://www.sott.net/image/688/PWkey4_03-07.jpg

[Bild S. 15] http://swissquantum.idquantique.com/IMG/jpg/bb84.jpg

[Bild S. 5] http://www.didaktik.physik.unierlangen.de/quantumlab/Quantenzufall/1Strahlteiler/Quantenzufallsgenerator.jpg